Mein Wunschbuch

Impressum
1. Auflage
Copyright © 2020 EDDA-Dagmar Fröhlich
Inhalt und Design: EDDA-Dagmar Fröhlich
Alle Rechte vorbehalten.
ISBN: 9781660011322

Dieses Werk ist zwar einschließlich aller seiner Teile urheberrechtlich geschützt, aber Du darfst damit Freude haben, Dich stundenlang damit beschäftigen, Deine Wünsche und Gedanken darin festhalten und es gestalten, wie Du es möchtest.

Ich wünsche Dir viele Glücksmomente mit diesem Wunscherfüllungsbuch

EDDA :-)

contact@eddart.de | www.art-shopping.net

Lieber Wunschmensch,

Du bist also bereit, Dir Dein Leben nach Deinen Wunschvorstellungen zu gestalten. Und das ist ganz WUNDERvoll :-)

Dieses Wunscherfüllungsbuch möchte Dich darin unterstützen, denn niedergeschriebene Wünsche gehen leichter in Erfüllung und obendrein schulst Du noch Deine Achtsamkeit.
Notiere Dir also alle Deine Wünsche, Ergebnisse, Erfahrungen und Gedanken. Dann schaue, welche Wünsche funktionieren und welche nicht? Was musst Du vielleicht ändern? Ist die Formulierung korrekt? Hast Du an die Erfüllung bzw. Manifestation geglaubt? Bist Du im Gefühl, in Liebe und Freude für Deinen Wunsch gewesen?

Du siehst, Wünschen will gelernt sein ;-)
Falls Du Anfängerin oder ein Beginner bist, starte mit einem verrückten oder Überraschungswunsch. Auf der nächsten Seite findest Du zwei Beispiele.
Und wenn Du schon eine geübte Macherin oder ein erfahrender Macher bist, lege direkt los.
Spiele mit den universellen Energien so oft es geht. Zeige ihnen Deine Freude am Leben und dass Du in Dankbarkeit an sie und die Erfüllung glaubst.

Ich wünsche Dir jede Menge Glücksmomente und ein großartiges Sein in Deinem Leben

EDDA :-)
die sich freut, dass es Dich gibt!

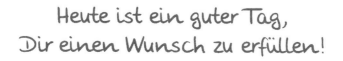

Heute ist ein guter Tag,
Dir einen Wunsch zu erfüllen!

Beispiel für einen Überraschungswunsch:

Liebes Universum,
innerhalb der nächsten 24 Stunden
erwarte ich eine positive Überraschung!
Danke dafür!
Ich freue mich schon sehr darauf!

Testbeispiel für einen verrückten Wunsch:

Hallo liebes Universum,
Du hast 24 Stunden Zeit, mir einen
rosaroten Elefanten zu präsentieren!
Danke dafür!
Na dann leg los ... ;-)
Lass Dich überraschen, in welcher Form Du ihn bekommst ;-)

Kommuniziere mit Deinen Worten, aber in einem freundschaftlich, vertrauten Ton. Das Universum ist ein guter Freund, der nur das Beste für Dich will. Vertraue ihm!
Formuliere ausschließlich positiv und in Präsens (Gegenwartsform)!
Nutze auch den Zusatz „...oder besser", wenn es passt.
Unterschreibe jeden Wunsch mit Deinem Namen und lasse ihn dann los!

Überlege Dir gut, was Du Dir wünscht, denn es könnte wirklich wirklich werden ;-)
Und denke daran, dass es manchmal Dein Zutun benötigt, damit sich ein Wunsch in Deiner Welt manifestieren kann.

Erfüllungsempfänger für alle folgenden, in diesem Buch niedergeschriebenen Wünsche, ist:

Name:

Adresse:

Name:

Adresse:

Name:

Adresse:

Falls Du umziehst oder sich Dein Name ändert,
bitte unzutreffendes streichen und Änderungen eintragen!

Mein Wunsch:

Abgeschickt am:

Wunsch erfüllt am:

Genau erfüllt wurde:

Meine Gedanken dazu:

Mein Wunsch:

Abgeschickt am:

Wunsch erfüllt am:

Genau erfüllt wurde:

Meine Gedanken dazu:

Mein Wunsch:

Abgeschickt am:

Wunsch erfüllt am:

Genau erfüllt wurde:

Meine Gedanken dazu:

Mein Wunsch:

Abgeschickt am:

Wunsch erfüllt am:

Genau erfüllt wurde:

Meine Gedanken dazu:

Mein Wunsch:

Abgeschickt am:

Wunsch erfüllt am:

Genau erfüllt wurde:

Meine Gedanken dazu:

Mein Wunsch:

Abgeschickt am:

Wunsch erfüllt am:

Genau erfüllt wurde:

Meine Gedanken dazu:

Mein Wunsch:

Abgeschickt am:

Wunsch erfüllt am:

Genau erfüllt wurde:

Meine Gedanken dazu:

Mein Wunsch:

Abgeschickt am:

Wunsch erfüllt am:

Genau erfüllt wurde:

Meine Gedanken dazu:

Mein Wunsch:

Abgeschickt am:

Wunsch erfüllt am:

Genau erfüllt wurde:

Meine Gedanken dazu:

Mein Wunsch:

Abgeschickt am:

Wunsch erfüllt am:

Genau erfüllt wurde:

Meine Gedanken dazu:

Mein Wunsch:

Abgeschickt am:

Wunsch erfüllt am:

Genau erfüllt wurde:

Meine Gedanken dazu:

Mein Wunsch:

Abgeschickt am:

Wunsch erfüllt am:

Genau erfüllt wurde:

Meine Gedanken dazu:

Mein Wunsch:

Abgeschickt am:

Wunsch erfüllt am:

Genau erfüllt wurde:

Meine Gedanken dazu:

Mein Wunsch:

Abgeschickt am:

Wunsch erfüllt am:

Genau erfüllt wurde:

Meine Gedanken dazu:

Mein Wunsch:

Abgeschickt am:

Wunsch erfüllt am:

Genau erfüllt wurde:

Meine Gedanken dazu:

Mein Wunsch:

Abgeschickt am:

Wunsch erfüllt am:

Genau erfüllt wurde:

Meine Gedanken dazu:

Mein Wunsch:

Abgeschickt am:

Wunsch erfüllt am:

Genau erfüllt wurde:

Meine Gedanken dazu:

Mein Wunsch:

Abgeschickt am:

Wunsch erfüllt am:

Genau erfüllt wurde:

Meine Gedanken dazu:

Mein Wunsch:

Abgeschickt am:

Wunsch erfüllt am:

Genau erfüllt wurde:

Meine Gedanken dazu:

Mein Wunsch:

Abgeschickt am:

Wunsch erfüllt am:

Genau erfüllt wurde:

Meine Gedanken dazu:

Mein Wunsch:

Abgeschickt am:

Wunsch erfüllt am:

Genau erfüllt wurde:

Meine Gedanken dazu:

Mein Wunsch:

Abgeschickt am:

Wunsch erfüllt am:

Genau erfüllt wurde:

Meine Gedanken dazu:

Mein Wunsch:

Abgeschickt am:

Wunsch erfüllt am:

Genau erfüllt wurde:

Meine Gedanken dazu:

Mein Wunsch:

Abgeschickt am:

Wunsch erfüllt am:

Genau erfüllt wurde:

Meine Gedanken dazu:

Mein Wunsch:

Abgeschickt am:

Wunsch erfüllt am:

Genau erfüllt wurde:

Meine Gedanken dazu:

Mein Wunsch:

Abgeschickt am:

Wunsch erfüllt am:

Genau erfüllt wurde:

Meine Gedanken dazu:

Mein Wunsch:

Abgeschickt am:

Wunsch erfüllt am:

Genau erfüllt wurde:

Meine Gedanken dazu:

Mein Wunsch:

Abgeschickt am:

Wunsch erfüllt am:

Genau erfüllt wurde:

Meine Gedanken dazu:

Mein Wunsch:

Abgeschickt am:

Wunsch erfüllt am:

Genau erfüllt wurde:

Meine Gedanken dazu:

Mein Wunsch:

Abgeschickt am:

Wunsch erfüllt am:

Genau erfüllt wurde:

Meine Gedanken dazu:

Mein Wunsch:

Abgeschickt am:

Wunsch erfüllt am:

Genau erfüllt wurde:

Meine Gedanken dazu:

Mein Wunsch:

Abgeschickt am:

Wunsch erfüllt am:

Genau erfüllt wurde:

Meine Gedanken dazu:

Mein Wunsch:

Abgeschickt am:

Wunsch erfüllt am:

Genau erfüllt wurde:

Meine Gedanken dazu:

Mein Wunsch:

Abgeschickt am:

Wunsch erfüllt am:

Genau erfüllt wurde:

Meine Gedanken dazu:

Mein Wunsch:

Abgeschickt am:

Wunsch erfüllt am:

Genau erfüllt wurde:

Meine Gedanken dazu:

Mein Wunsch:

Abgeschickt am:

Wunsch erfüllt am:

Genau erfüllt wurde:

Meine Gedanken dazu:

Mein Wunsch:

Abgeschickt am:

Wunsch erfüllt am:

Genau erfüllt wurde:

Meine Gedanken dazu:

Mein Wunsch:

Abgeschickt am:

Wunsch erfüllt am:

Genau erfüllt wurde:

Meine Gedanken dazu:

Mein Wunsch:

Abgeschickt am:

Wunsch erfüllt am:

Genau erfüllt wurde:

Meine Gedanken dazu:

Mein Wunsch:

Abgeschickt am:

Wunsch erfüllt am:

Genau erfüllt wurde:

Meine Gedanken dazu:

Mein Wunsch:

Abgeschickt am:

Wunsch erfüllt am:

Genau erfüllt wurde:

Meine Gedanken dazu:

Mein Wunsch:

Abgeschickt am:

Wunsch erfüllt am:

Genau erfüllt wurde:

Meine Gedanken dazu:

Mein Wunsch:

Abgeschickt am:

Wunsch erfüllt am:

Genau erfüllt wurde:

Meine Gedanken dazu:

Mein Wunsch:

Abgeschickt am:

Wunsch erfüllt am:

Genau erfüllt wurde:

Meine Gedanken dazu:

Mein Wunsch:

Abgeschickt am:

Wunsch erfüllt am:

Genau erfüllt wurde:

Meine Gedanken dazu:

Mein Wunsch:

Abgeschickt am:

Wunsch erfüllt am:

Genau erfüllt wurde:

Meine Gedanken dazu:

Mein Wunsch:

Abgeschickt am:

Wunsch erfüllt am:

Genau erfüllt wurde:

Meine Gedanken dazu:

Mein Wunsch:

Abgeschickt am:

Wunsch erfüllt am:

Genau erfüllt wurde:

Meine Gedanken dazu:

Mein Wunsch:

Abgeschickt am:

Wunsch erfüllt am:

Genau erfüllt wurde:

Meine Gedanken dazu:

Mein Wunsch:

Abgeschickt am:

Wunsch erfüllt am:

Genau erfüllt wurde:

Meine Gedanken dazu:

Mein Wunsch:

Abgeschickt am:

Wunsch erfüllt am:

Genau erfüllt wurde:

Meine Gedanken dazu:

Mein Wunsch:

Abgeschickt am:

Wunsch erfüllt am:

Genau erfüllt wurde:

Meine Gedanken dazu:

Mein Wunsch:

Abgeschickt am:

Wunsch erfüllt am:

Genau erfüllt wurde:

Meine Gedanken dazu:

Mein Wunsch:

Abgeschickt am:

Wunsch erfüllt am:

Genau erfüllt wurde:

Meine Gedanken dazu:

Mein Wunsch:

Abgeschickt am:

Wunsch erfüllt am:

Genau erfüllt wurde:

Meine Gedanken dazu:

Mein Wunsch:

Abgeschickt am:

Wunsch erfüllt am:

Genau erfüllt wurde:

Meine Gedanken dazu:

Mein Wunsch:

Abgeschickt am:

Wunsch erfüllt am:

Genau erfüllt wurde:

Meine Gedanken dazu:

Mein Wunsch:

Abgeschickt am:

Wunsch erfüllt am:

Genau erfüllt wurde:

Meine Gedanken dazu:

Mein Wunsch:

Abgeschickt am:

Wunsch erfüllt am:

Genau erfüllt wurde:

Meine Gedanken dazu:

Mein Wunsch:

Abgeschickt am:

Wunsch erfüllt am:

Genau erfüllt wurde:

Meine Gedanken dazu:

Mein Wunsch:

Abgeschickt am:

Wunsch erfüllt am:

Genau erfüllt wurde:

Meine Gedanken dazu:

Mein Wunsch:

Abgeschickt am:

Wunsch erfüllt am:

Genau erfüllt wurde:

Meine Gedanken dazu:

Mein Wunsch:

Abgeschickt am:

Wunsch erfüllt am:

Genau erfüllt wurde:

Meine Gedanken dazu:

Mein Wunsch:

Abgeschickt am:

Wunsch erfüllt am:

Genau erfüllt wurde:

Meine Gedanken dazu:

Mein Wunsch:

Abgeschickt am:

Wunsch erfüllt am:

Genau erfüllt wurde:

Meine Gedanken dazu:

Mein Wunsch:

Abgeschickt am:

Wunsch erfüllt am:

Genau erfüllt wurde:

Meine Gedanken dazu:

Mein Wunsch:

Abgeschickt am:

Wunsch erfüllt am:

Genau erfüllt wurde:

Meine Gedanken dazu:

Mein Wunsch:

Abgeschickt am:

Wunsch erfüllt am:

Genau erfüllt wurde:

Meine Gedanken dazu:

Mein Wunsch:

Abgeschickt am:

Wunsch erfüllt am:

Genau erfüllt wurde:

Meine Gedanken dazu:

Mein Wunsch:

Abgeschickt am:

Wunsch erfüllt am:

Genau erfüllt wurde:

Meine Gedanken dazu:

Mein Wunsch:

Abgeschickt am:

Wunsch erfüllt am:

Genau erfüllt wurde:

Meine Gedanken dazu:

Mein Wunsch:

Abgeschickt am:

Wunsch erfüllt am:

Genau erfüllt wurde:

Meine Gedanken dazu:

Mein Wunsch:

Abgeschickt am:

Wunsch erfüllt am:

Genau erfüllt wurde:

Meine Gedanken dazu:

Mein Wunsch:

Abgeschickt am:

Wunsch erfüllt am:

Genau erfüllt wurde:

Meine Gedanken dazu:

Mein Wunsch:

Abgeschickt am:

Wunsch erfüllt am:

Genau erfüllt wurde:

Meine Gedanken dazu:

Mein Wunsch:

Abgeschickt am:

Wunsch erfüllt am:

Genau erfüllt wurde:

Meine Gedanken dazu:

Mein Wunsch:

Abgeschickt am:

Wunsch erfüllt am:

Genau erfüllt wurde:

Meine Gedanken dazu:

Mein Wunsch:

Abgeschickt am:

Wunsch erfüllt am:

Genau erfüllt wurde:

Meine Gedanken dazu:

Mein Wunsch:

Abgeschickt am:

Wunsch erfüllt am:

Genau erfüllt wurde:

Meine Gedanken dazu:

Mein Wunsch:

Abgeschickt am:

Wunsch erfüllt am:

Genau erfüllt wurde:

Meine Gedanken dazu:

Mein Wunsch:

Abgeschickt am:

Wunsch erfüllt am:

Genau erfüllt wurde:

Meine Gedanken dazu:

Mein Wunsch:

Abgeschickt am:

Wunsch erfüllt am:

Genau erfüllt wurde:

Meine Gedanken dazu:

Mein Wunsch:

Abgeschickt am:

Wunsch erfüllt am:

Genau erfüllt wurde:

Meine Gedanken dazu:

Mein Wunsch:

Abgeschickt am:

Wunsch erfüllt am:

Genau erfüllt wurde:

Meine Gedanken dazu:

Mein Wunsch:

Abgeschickt am:

Wunsch erfüllt am:

Genau erfüllt wurde:

Meine Gedanken dazu:

Mein Wunsch:

Abgeschickt am:

Wunsch erfüllt am:

Genau erfüllt wurde:

Meine Gedanken dazu:

Mein Wunsch:

Abgeschickt am:

Wunsch erfüllt am:

Genau erfüllt wurde:

Meine Gedanken dazu:

Mein Wunsch:

Abgeschickt am:

Wunsch erfüllt am:

Genau erfüllt wurde:

Meine Gedanken dazu:

Mein Wunsch:

Abgeschickt am:

Wunsch erfüllt am:

Genau erfüllt wurde:

Meine Gedanken dazu:

Mein Wunsch:

Abgeschickt am:

Wunsch erfüllt am:

Genau erfüllt wurde:

Meine Gedanken dazu:

Mein Wunsch:

Abgeschickt am:

Wunsch erfüllt am:

Genau erfüllt wurde:

Meine Gedanken dazu:

Mein Wunsch:

Abgeschickt am:

Wunsch erfüllt am:

Genau erfüllt wurde:

Meine Gedanken dazu:

Mein Wunsch:

Abgeschickt am:

Wunsch erfüllt am:

Genau erfüllt wurde:

Meine Gedanken dazu:

Mein Wunsch:

Abgeschickt am:

Wunsch erfüllt am:

Genau erfüllt wurde:

Meine Gedanken dazu:

Mein Wunsch:

Abgeschickt am:

Wunsch erfüllt am:

Genau erfüllt wurde:

Meine Gedanken dazu:

Mein Wunsch:

Abgeschickt am:

Wunsch erfüllt am:

Genau erfüllt wurde:

Meine Gedanken dazu:

Mein Wunsch:

Abgeschickt am:

Wunsch erfüllt am:

Genau erfüllt wurde:

Meine Gedanken dazu:

Mein Wunsch:

Abgeschickt am:

Wunsch erfüllt am:

Genau erfüllt wurde:

Meine Gedanken dazu:

Mein Wunsch:

Abgeschickt am:

Wunsch erfüllt am:

Genau erfüllt wurde:

Meine Gedanken dazu:

Mein Wunsch:

Abgeschickt am:

Wunsch erfüllt am:

Genau erfüllt wurde:

Meine Gedanken dazu:

Mein Wunsch:

Abgeschickt am:

Wunsch erfüllt am:

Genau erfüllt wurde:

Meine Gedanken dazu:

Mein Wunsch:

Abgeschickt am:

Wunsch erfüllt am:

Genau erfüllt wurde:

Meine Gedanken dazu:

Mein Wunsch:

Abgeschickt am:

Wunsch erfüllt am:

Genau erfüllt wurde:

Meine Gedanken dazu:

Mein Wunsch:

Abgeschickt am:

Wunsch erfüllt am:

Genau erfüllt wurde:

Meine Gedanken dazu:

Mein Wunsch:

Abgeschickt am:

Wunsch erfüllt am:

Genau erfüllt wurde:

Meine Gedanken dazu:

Mein Wunsch:

Abgeschickt am:

Wunsch erfüllt am:

Genau erfüllt wurde:

Meine Gedanken dazu:

Mein Wunsch:

Abgeschickt am:

Wunsch erfüllt am:

Genau erfüllt wurde:

Meine Gedanken dazu:

Mein Wunsch:

Abgeschickt am:

Wunsch erfüllt am:

Genau erfüllt wurde:

Meine Gedanken dazu:

Mein Wunsch:

Abgeschickt am:

Wunsch erfüllt am:

Genau erfüllt wurde:

Meine Gedanken dazu:

Mein Wunsch:

Abgeschickt am:

Wunsch erfüllt am:

Genau erfüllt wurde:

Meine Gedanken dazu:

Mein Wunsch:

Abgeschickt am:

Wunsch erfüllt am:

Genau erfüllt wurde:

Meine Gedanken dazu:

Mein Wunsch:

Abgeschickt am:

Wunsch erfüllt am:

Genau erfüllt wurde:

Meine Gedanken dazu:

Mein Wunsch:

Abgeschickt am:

Wunsch erfüllt am:

Genau erfüllt wurde:

Meine Gedanken dazu:

Mein Wunsch:

Abgeschickt am:

Wunsch erfüllt am:

Genau erfüllt wurde:

Meine Gedanken dazu:

Mein Wunsch:

Abgeschickt am:

Wunsch erfüllt am:

Genau erfüllt wurde:

Meine Gedanken dazu:

Mein Wunsch:

Abgeschickt am:

Wunsch erfüllt am:

Genau erfüllt wurde:

Meine Gedanken dazu:

Mein Wunsch:

Abgeschickt am:

Wunsch erfüllt am:

Genau erfüllt wurde:

Meine Gedanken dazu:

Mein Wunsch:

Abgeschickt am:

Wunsch erfüllt am:

Genau erfüllt wurde:

Meine Gedanken dazu:

Mein Wunsch:

Abgeschickt am:

Wunsch erfüllt am:

Genau erfüllt wurde:

Meine Gedanken dazu:

Mein Wunsch:

Abgeschickt am:

Wunsch erfüllt am:

Genau erfüllt wurde:

Meine Gedanken dazu:

Mein Wunsch:

Abgeschickt am:

Wunsch erfüllt am:

Genau erfüllt wurde:

Meine Gedanken dazu:

Mein Wunsch:

Abgeschickt am:

Wunsch erfüllt am:

Genau erfüllt wurde:

Meine Gedanken dazu:

Mein Wunsch:

Abgeschickt am:

Wunsch erfüllt am:

Genau erfüllt wurde:

Meine Gedanken dazu:

Mein Wunsch:

Abgeschickt am:

Wunsch erfüllt am:

Genau erfüllt wurde:

Meine Gedanken dazu:

Mein Wunsch:

Abgeschickt am:

Wunsch erfüllt am:

Genau erfüllt wurde:

Meine Gedanken dazu:

Mein Wunsch:

Abgeschickt am:

Wunsch erfüllt am:

Genau erfüllt wurde:

Meine Gedanken dazu:

Mein Wunsch:

Abgeschickt am:

Wunsch erfüllt am:

Genau erfüllt wurde:

Meine Gedanken dazu:

Mein Wunsch:

Abgeschickt am:

Wunsch erfüllt am:

Genau erfüllt wurde:

Meine Gedanken dazu:

Mein Wunsch:

Abgeschickt am:

Wunsch erfüllt am:

Genau erfüllt wurde:

Meine Gedanken dazu:

Mein Wunsch:

Abgeschickt am:

Wunsch erfüllt am:

Genau erfüllt wurde:

Meine Gedanken dazu:

Mein Wunsch:

Abgeschickt am:

Wunsch erfüllt am:

Genau erfüllt wurde:

Meine Gedanken dazu:

Mein Wunsch:

Abgeschickt am:

Wunsch erfüllt am:

Genau erfüllt wurde:

Meine Gedanken dazu:

Mein Wunsch:

Abgeschickt am:

Wunsch erfüllt am:

Genau erfüllt wurde:

Meine Gedanken dazu:

Mein Wunsch:

Abgeschickt am:

Wunsch erfüllt am:

Genau erfüllt wurde:

Meine Gedanken dazu:

Mein Wunsch:

Abgeschickt am:

Wunsch erfüllt am:

Genau erfüllt wurde:

Meine Gedanken dazu:

Mein Wunsch:

Abgeschickt am:

Wunsch erfüllt am:

Genau erfüllt wurde:

Meine Gedanken dazu:

Mein Wunsch:

Abgeschickt am:

Wunsch erfüllt am:

Genau erfüllt wurde:

Meine Gedanken dazu:

Mein Wunsch:

Abgeschickt am:

Wunsch erfüllt am:

Genau erfüllt wurde:

Meine Gedanken dazu:

Mein Wunsch:

Abgeschickt am:

Wunsch erfüllt am:

Genau erfüllt wurde:

Meine Gedanken dazu:

Mein Wunsch:

Abgeschickt am:

Wunsch erfüllt am:

Genau erfüllt wurde:

Meine Gedanken dazu:

Mein Wunsch:

Abgeschickt am:

Wunsch erfüllt am:

Genau erfüllt wurde:

Meine Gedanken dazu:

Mein Wunsch:

Abgeschickt am:

Wunsch erfüllt am:

Genau erfüllt wurde:

Meine Gedanken dazu:

Mein Wunsch:

Abgeschickt am:

Wunsch erfüllt am:

Genau erfüllt wurde:

Meine Gedanken dazu:

Mein Wunsch:

Abgeschickt am:

Wunsch erfüllt am:

Genau erfüllt wurde:

Meine Gedanken dazu:

Mein Wunsch:

Abgeschickt am:

Wunsch erfüllt am:

Genau erfüllt wurde:

Meine Gedanken dazu:

Mein Wunsch:

Abgeschickt am:

Wunsch erfüllt am:

Genau erfüllt wurde:

Meine Gedanken dazu:

Mein Wunsch:

Abgeschickt am:

Wunsch erfüllt am:

Genau erfüllt wurde:

Meine Gedanken dazu:

Mein Wunsch:

Abgeschickt am:

Wunsch erfüllt am:

Genau erfüllt wurde:

Meine Gedanken dazu:

Mein Wunsch:

Abgeschickt am:

Wunsch erfüllt am:

Genau erfüllt wurde:

Meine Gedanken dazu:

Mein Wunsch:

Abgeschickt am:

Wunsch erfüllt am:

Genau erfüllt wurde:

Meine Gedanken dazu:

Mein Wunsch:

Abgeschickt am:

Wunsch erfüllt am:

Genau erfüllt wurde:

Meine Gedanken dazu:

Mein Wunsch:

Abgeschickt am:

Wunsch erfüllt am:

Genau erfüllt wurde:

Meine Gedanken dazu:

Mein Wunsch:

Abgeschickt am:

Wunsch erfüllt am:

Genau erfüllt wurde:

Meine Gedanken dazu:

Mein Wunsch:

Abgeschickt am:

Wunsch erfüllt am:

Genau erfüllt wurde:

Meine Gedanken dazu:

Mehr Designs, sowie Tagebücher, Bullet Journals, Arbeitsbücher, Adressbücher, Geburtstagskalender, Vorlagenbücher, Notizbücher und und und findest Du unter meinem Amazon-Autorenprofil „EDDA Fröhlich" oder www.art-shopping.net

Printed in Poland
by Amazon Fulfillment
Poland Sp. z o.o., Wrocław